Life Following Jesus

KB206001

하나님의 나라를 이루는 삶

평신도 양육교재
예수를 따르는 삶
하나님의 나라를 이루는 삶

발행일 : 초판 1쇄 인쇄 2008년 10월 24일
　　　　　개정판 1쇄 인쇄 2014년 3월 14일
발행인 : 우순태
편집인 : 유윤종
책임편집 : 강신덕
기획/편집 : 전영욱, 강영아
디자인/일러스트 : 최동호, 권미경, 오인표
홍보/마케팅 : 강형규, 박지훈
행정지원 : 조미정, 신지현

펴낸곳 : 도서출판 사랑마루
　　　　　 서울시 강남구 테헤란로 64길 17(대치동)
대표전화 : TEL (02) 3459-1051~2/ FAX (02) 3459-1070
홈페이지 : http://www.eholynet.org, http://www.ibcm.kr
등록 : 2011년 1월 17일 등록번호/ 제2011-000013호
값은 뒷표지에 있습니다. 잘못된 책은 구입하신 곳에서 교환해 드립니다.
ISBN : 978-89-7591-322-8 04230

Contents

평신도 양육교재 예수를 따르는 삶

- 교육과정개발 : 남은경
- 교재집필 : 강병오 박문수
- 교재개정 : 박향숙

평신도 양육교재

예수를 따르는 삶

Life Following Jesus

발간사

평신도는 단지 예배 참석자가 아닙니다. 평신도는 목회의 동역자입니다. 평신도가 예수님의 제자로 세움을 입어서 주님의 명령(마 28:18-20)대로 가르쳐 지키게 하는 사명을 감당해야 합니다. 평신도들이 사역의 주체가 될 때, 아름다운 주님의 교회가 세워지고 하나님의 나라가 확장될 것입니다.

교단창립 100주년 교육사업의 일환으로 성결교회 평신도 제자화 교육과정을 개발하고 4종류의 교재를 만들었습니다. 그것은 '새신자교재→세례교재→양육교재→사역교재' 입니다. 교회에 처음 나온 새신자도 반드시 사역자로 양성하겠다는 의지가 담겨있는 시리즈 교재입니다. 이 교재에 담겨있는 핵심 키워드는 '구원→믿음→생활→사역' 입니다.

성결교회의 모든 신자들은 하나님의 은혜로 구원받아 온전한 믿음을 가지고 삶이 변화되어 주님의 사역자로 세움을 입어야 합니다. 교회에서는 새신자들이 새신자교육과 세례교육을 언제든지 받아서 온전한 신앙을 형성할 수 있도록 도와야 합니다. 그리고 양육과 사역교재를 통하여 평신도 사역자를 키워야 합니다. 만약 신앙연수가 오래되었지만 신앙이 성숙치 못한 신자가 있다면, 양육교재와 사역교재를 통하여 건강한 사역자로 세움을 입을 수 있을 것입니다.

성결교회의 새로운 100년을 맞이하면서 목회현장에 실제적으로 도움이 될 교재가 개발된 것은 참으로 기쁘고 감사한 일입니다. 앞으로 평신도들이 주님의 몸 된 교회의 주체가 되고, 역사의 책임 있는 존재가 될 수 있도록 돕는 교재들이 지속적으로 개발될 것입니다. 아름다운 주님의 비전을 꿈꾸며 새 역사의 주인공이 됩시다.

기독교대한성결교회 총무 우순태 목사

일러두기

성숙한 신앙인은 세상 사람들의 눈으로 보기엔 불편하게 사는 사람일 것이다. '주님이 원하시는 삶은 어떤 것일까?' '주님은 이럴 때 어떤 결정을 내리실까?' '내가 진정한 주님의 제자라면 어떻게 행동해야 할까?' 라는 고민을 가지고 사물을 대하고 세상을 살아가기 때문이다. 하지만 궁극적으로는 세상에 대한 이러한 질문, 그리고 그 대답에 따라 불편하더라도 당당하게 살아나갈 때, 우리는 참다운 기쁨이 넘치는 삶을 살 수 있다는 것을 잘 알고 있다. 모든 성결교인들이 이러한 기쁨을 누리며 살기를 바란다. 이를 위하여 양육교재가 도움이 되기를 바라며, 몇 가지 사항을 일러두고자 한다.

첫째, 본 교재는 성인 양육을 위한 교재이다. 여기에서 성인은 법적으로, 사회적으로, 경제적으로 자립할 수 있는 사람이며, 생물학적으로 아이를 가질 수 있는 육체적으로 성숙한 사람이며, 심리학적으로 청년기를 지나고 삶의 특별한 과정을 경험한 사람이며, 교육적으로 그가 속한 사회와 문화가 마련한 어느 정도의 학교 교육을 성취한 사람이다. 또한 신앙인으로서 자신의 생애를 통하여 삶의 스타일(life style)을 형성해 가는 존재이며, 영적으로 성장 발달해 가는 존재이다.

둘째, 본 교재는 평신도를 위한 교재이다. 대부분의 내용은 일상생활에서 겪을 만한 상황이나 생각해 보아야 할 만한 주제와 내용을 담고 있다. 여기서 평신도의 의미는 단순히 교회의 구성원 중에서 평범한 사람을 의미하는 것이 아니라 교회의 대부분을 차지하는 구성원으로서 주님의 자녀이며, 제자이고, 교회를 교회되게 이끌어 가야하는 각 지체를 의미한다. 따라서 이 양육의 과정을 통하여 평신도는 더욱 성장하여 목회의 동역자로서 하나님께서 허락하신 사역의 한 부분을 감당할 수 있도록 성숙하여야 한다. 이 교재를 잘 마친다면 교회에서는 집사나 구역장 등의 역할을 맡겨도 될 정도의 훈련이 이루어질 것이다.

셋째, 본 교재 교육과정의 내용 범위는 교단의 사중복음을 서울신학대학교 성결교회신학연구회가 이 시대의 언어로 표현한 '생명', '사랑', '회복', '공의'의 신학적 설명으로 한다. 그래서 이제까지 성결교회의 교육이 개인의 영혼 구원과 개인적 삶에 있어서의 성결에 집중하였다면, 이제는 사회의 보편 가치들에 대한 복음적 시각을 갖는 데까지 교육의 목표와 장(場)을 확대하고자 한다. 그래서 생활의 모든 영역에서 구체적인 문제와 사회적, 문화적, 윤리적, 정치적, 생태적 차원까지 다루고 있다.

넷째, 이 교재는 단순히 읽기용 책이나 답을 달기 위한 성경공부 교재가 아니라 모임의 참가자들이 함께 각 주제에 따라 고민하고, 결단하고, 실천하는 워크숍 교재에 가깝다. 따라서 참가자의 답 달기와 인도자의 답 해설에 의존하는 다소 구태의연한 성경공부 교재가 아니라 함께 목적을 위하여 삶을 연습해 가는 안내서이다. 이 교재를 바탕으로 서로 격려하고, 섬김을 베풀고, 감사를 표현하는 과정을 통해 더욱 풍성한 하나님의 은혜를 누리게 될 것이다.

이러한 본 교재를 가지고 모임을 인도하게 될 인도자는 비록 목회자이거나 지도자라고 할지라도 무엇인가 지식을 가르치려고만 노력하는 것은 바람직하지 않다. 물론 이 과정을 잘 인도하기 위해서 본 교재의 각 과가 이루고자 하는 목표와 그에 따르는 내용들에 대해서는 철저하고 꼼꼼하게 준비해야겠지만 자신이 깨달은 바를 참가자들도 스스로 깨달을 수 있도록 인도해야 한다. 뿐만 아니라 인도자와 학습자간의 나눔을 통해서 서로의 은혜가 더욱 풍성해 질 수 있도록 배려해야 한다.

이 교재를 통해 자신의 영적인 성숙을 기대하는 학습자들은 단순히 성경의 지식을 더 얻겠다는 정도의 생각으로 임하거나, 성경에서 답을 찾아 빈칸을 채우는 다소 수동적인 자세만을 보이는 것은 바람직하지 않다. 자신의 경험과 생각을 함께 나누고 인도자의 답을 기다리기 전에 먼저 고민하고 성경의 의미를 깨닫기 위해 노력해야 한다. 그리고 결국에는 이러한 모든 것들이 나의 일상생활에서도 실천될 수 있도록 노력하겠다는 다짐 속에서 생활에 임해야 한다.

본 양육교재는 모두 8권, 각 권당 5과 씩, 총 40개의 주제를 다룰 것이다. 적지 않은 양이기는 하지만, 신앙인들이 교회에서나 사회에서 부딪히게 될 모든 주제들이 다 다루어 진 것은 아니다. 하지만 이 40개의 주제를 다루며 배우고, 생각하고, 느끼고, 결단하고, 실천하는 과정을 통해서 한 단계 더 성숙된 신앙인으로 나아갈 수 있는데 도움이 되리라 생각한다.

본 교재를 바탕으로 한 평신도의 양육이 성공적으로 이루어져서 모든 성도들이 교회뿐만 아니라 가정과 사회에서 주체적 존재가 되며, 성결교회의 교인으로서, 또한 그리스도의 제자로서 확고한 정체성을 갖으며, 마침내 이 땅 위에서 하나님의 뜻대로 살아가고 하나님의 나라를 이루어 내는 하나님의 사람으로 거듭나게 되기를 바란다.

8단원(공의)
하나님의 나라를 이루는 삶

세상 속의 기독교인

배울말씀 사도행전 14장 8-22절

새길말씀 그러나 너희는 택하신 족속이요 왕 같은 제사장들이요 거룩한 나라요 그의
소유가 된 백성이니 이는 너희를 어두운 데서 불러 내어 그의 기이한 빛에
들어가게 하신 이의 아름다운 덕을 선포하게 하려 하심이라 (벧전 2:9)

관심갖기
평신도 양육교재

기독교인으로 산다는 것

아래의 이야기를 읽고 주어진 질문에 답해 봅시다.

> 어느 날 시장 한복판에서 자동차 앞에 과일을 놓고 절하는 사람들을 보았습니다. 새 자동차를 샀는데 사고가 나지 않게 해 달라고 누군가에게 비는 것이었습니다. 자동차를 만들어 내고 그것을 운전할 줄 아는 존재가 사람입니다. 하지만 자신의 앞날에 대해서는 너무나 자신이 없는 연약함을 그대로 드러내는 존재가 또한 인간이라는 생각이 들었습니다.
>
> 우리나라의 직장에는 시대착오적인 무속 종교의 관습이 여전히 남아 있어서 기독교인들이 때로 신앙적 갈등을 겪습니다. 기독교인들은 "고사 행위가 과연 문화냐, 종교냐?"라는 문제 앞에서 분명한 태도를 취해야 합니다. 다니엘의 세 친구들이 취했던 단호함으로 다른 사람들이 절하는 시간에 하나님께 기도해야 합니다. 한 신문사의 간부로 일하던 어떤 분은 고사를 지내는 시간에 숙직실에 가서 기도를 했다고 합니다. 절을 해야 할 순번이 되어 사람들이 모두 그분을 찾았는데 한 직원이 숙직실에서 기도하고 있다고 말하자 분위기가 썰렁해졌다고 합니다. 그러나 그 신문사의 사장은 화끈한 신앙을 가진 이분을 높이 보고 더 중요한 자리에 앉혔다고 합니다. 이런 용기가 우리에게도 필요합니다. 우리는 세상 속에서 구별된 기독교인으로 일

하는 사람들이기 때문입니다.

방선기 목사『일터에서 나누는 말씀』중에서.

1. 위 이야기 중 자동차의 안전운행을 위해 고사를 드리는 사람의 행위에 대해서 어떻게 생각하십니까? 혹시 가정이나 직장에서 이와 비슷한 일로 인해 곤란을 겪은 적은 없습니까?

2. 그렇다면, 세상에서 구별된 기독교인으로서 산다는 것은 어떻게 사는 것이라고 생각하십니까?

평신도 양육교재
기억하기   예배의 대상이신 하나님

배울말씀인 사도행전 14장 8-22절을 읽고 주어진 질문에 답해 봅시다.

1. 루스드라 지방에 살던 태어나면서부터 앉은뱅이 된 병자는 어떤 마음을 갖고 있었습니까? (행 14:8-10)

2. 루스드라 사람들은 앉은뱅이가 일어나 걷고 뛰는 것을 보고 놀라워했습니다. 이와 같은 초자연적인 사건을 목격한 그들은 무엇을 원했습니까? (행 14:11-13)

3. 그렇다면, 바울과 바나바는 루스드라 사람들에게 어떤 내용의 복음을 증거했습니까? (행 14:14-18)

4. 이방인들의 사도로서 하나님과 구원의 복음을 증거하던 바울과 바나바에게 어떤 어려움이 찾아왔습니까? 또 이에 대해 그들은 어떻게 대응했습니까? (행 14:19-22)

반성하기

하나님의 영광을 위하여

주어진 성경말씀을 찾아 아래의 질문들에 답해 봅시다.

1. 세상에서 하나님을 믿지 않는 사람들에게 기독교인이라는 이유로 손해를 본 경우가 있습니까? 왜 이런 상황이 생긴다고 성경은 가르쳐 주고 있나요? (요 15:18-20)

〈요 15:18-20〉

2. 하나님은 우리가 삶의 현장에서 어떤 일을 하고, 어떤 모습을 나타내는 사람이 되기를 원하실까요? 아래에 주어진 성경말씀을 읽고 정리해 봅시다.
   (벧전 2:9; 엡 1:4; 딛 2:14-15; 빌 1:20)

(벧전 2:9)
너희는 택하신 족속이요 왕 같은 제사장들이요 거룩한 나라요 그의 소유가 된 백성이니 이는 너희를 어두운 데서 불러내어 그의 기이한 빛에 들어가게 하신 이의 아름다운 덕을 선포하게 하려 하심이라

(엡 1:4)
곧 창세 전에 그리스도 안에서 우리를 택하사 우리로 사랑 안에서 그 앞에 거룩하고 흠이 없게 하시려고

(딛 2:14-15)
복스러운 소망과 우리의 크신 하나님 구주 예수 그리스도의 영광이 나타나심을 기다리게 하셨으니 그가 우리를 대신하여 자신을 주심은 모든 불법에서 우리를 속량하시고 우리를 깨끗하게 하사 선한 일을 열심히 하는 자기 백성이 되게 하려 하심이라

(빌 1:20)
나의 간절한 기대와 소망을 따라 아무 일에든지 부끄러워하지 아니하고 지금도 전과 같이 온전히 담대하여 살든지 죽든지 내 몸에서 그리스도가 존귀하게 되게 하려 하나니

1. "나 주님의 기쁨 되기 원하네"를 함께 찬양합시다.

나 주님의 기쁨

Teresa Muller

올네이션스 역

2. 한 주간 세상을 섬길 수 있는 활동을 찾아서 적고 이를 실천해 봅시다.

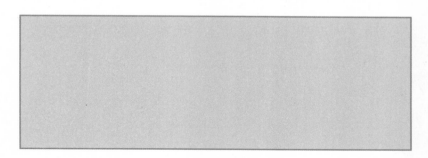

그러나 너희는 택하신 족속이요 왕 같은 제사장들이요 거룩한 나라요 그의
소유가 된 백성이니 이는 너희를 어두운 데서 불러 내어 그의 기이한 빛에
들어가게 하신 이의 아름다운 덕을 선포하게 하려 하심이라 (벧전 2:9)

결단의 기도 ·······················

만유의 주인이신 주 하나님! 우리를 부르셔서 의롭고 거룩한 백성으로 만드
시니 감사합니다. 이 땅에서 하나님의 창조 목적을 회복하고 인류의 구원
을 완성하시려고 우리가 선한 일에 힘쓰는 자녀가 되게 하심을 찬양하며 감
사드립니다. 세상에서 살아갈 때 현실에 만족하고 안주하는 안일한 생각을
버리게 하옵소서. 세상의 헛된 것을 섬기는 우상숭배의 죄를 범하지 않고
오직 세상의 주인이신 하나님만을 예배하며 살아가는 거룩한 마음과 삶을
소유하는 주의 일꾼 되게 하옵소서! 예수 그리스도의 이름으로 기도합니다.
아멘.

성숙한 공동체 세우기

배울말씀 에베소서 4장 1~16절

새길말씀 오직 사랑 안에서 참된 것을 하여 범사에 그에게까지 자랄지라 그는 머리니
곧 그리스도라 그에게서 온 몸이 각 마디를 통하여 도움을 받음으로 연결되고
결합되어 각 지체의 분량대로 역사하여 그 몸을 자라게 하며 사랑 안에서
스스로 세우느니라 (엡 4:15~16)

은혜 받았다면

아래의 이야기를 읽고 주어진 질문에 답해 봅시다.

> 한 무리의 기독교인들이 유명한 금식기도원에 올라와 열심히 한 주간 기도를 했습니다. 집회 중에 통성으로 기도하고 개인적으로는 기도굴에 들어가 기도하여 큰 은혜를 받았습니다. 정말 은혜를 받았는지 서로 대화를 하는데 그들의 모습이 참 평화롭고 아름다워 보였습니다. 마치 천국이 따로 없는 것 같았습니다.
>
> 집회가 끝나자 그 기독교인들이 모두 집으로 돌아가고 있었습니다. 개인 승용차를 타고 온 사람들도 있었지만 대부분의 사람들은 버스 정류소에 일렬로 줄을 서기 시작했습니다. 그런데 놀라운 광경이 벌어졌습니다. 조금 전까지 서로 은혜롭게 대화하며 줄서기를 양보하던 그들이 귀가버스가 도착하자 일순간에 줄이 무너지면서 서로 먼저 타기 위해 버스 앞 출입문으로 달려들기 시작했습니다. 그냥 자기 자리에 서서 머뭇거리며 멋쩍어 하는 몇 사람 외에는 모두가 먼저 올라타려고 아우성이었습니다. 너무도 실망스러운 모습이었습니다. 이 장면을 어떻게 설명할 수 있을까요? 한국교회 기독교인들은 은혜를 받으면 질서를 지키지 않아도 된다고 생각하는지 염려되었습니다.

1. 위의 이야기를 읽고 당신은 어떤 생각이 듭니까?

2. 혹시 위 이야기처럼 공공질서를 지키지 않았던 적이 있습니까? 어떤 상황이었나요? 자신의 경험을 함께 나누어 봅시다.

함께읽기

현대사회의 공공질서의 부재 혹은 공공도덕의 부재는 '공동체의 붕괴'와 '이기주의의 확산'으로 인한 것이다. 전통적으로 사람들은 '우리'라는 표현을 사용하여 '공동체 의식'을 강조했지만 오늘의 사회는 '나' 중심이 되는 개인주의 사회로 변했다. 명절이나 휴가철이면 고속도로는 아수라장을 방불케 하고 버스 전용차로나 갓길을 내달리는 승용차들을 쉽게 목격한다. 목욕탕에서 아이들이 냉탕에서 다이빙을 하고 물장구를 치는가 하면 전철 안에서 다른 사람들에게 피해를 주든 말든 아이들이 이리 뛰고 저리 뛰어 다니는데 부모들이 아무런 제재를 가하지 않는다. 아이들의 기를 살려야 한다는 왜곡된 부모들의 이기적인 교육태도가 문제이다. 이렇게 현대사회는 공동체 의식의 부재와 이기주의의 확산에 따른 개인주의 문화가 큰 문제가 되고 있다.

기억하기

성숙한 기독교인, 성숙한 공동체

배울말씀인 에베소서 4장 1-16절과 주어진 성경말씀을 읽고 주어진 질문에 답해 봅시다.

1. 교회 안에서 성도간의 '하나됨'을 유지하기 위해서 어떤 태도를 가져야 할까요? (엡 4:1-6)

2. 각 개인에게 다양한 직임의 은사들을 주신 목적은 무엇일까요? (엡 4:7-12)

3. 기독교인이 추구해야 하는 신앙의 목표가 무엇이라고 생각합니까? (엡 4:13-16)

4. 왜 기독교인은 교회와 사회 공동체 안에서 질서를 지키고 서로 협력해야 할까요? 로마서 12장 3-8절의 말씀을 바탕으로 생각해 봅시다.

반성하기

나의 공동체 의식

1. 다음은 한국인들의 행동양태 및 질서의식에 대한 자료입니다. 나의 의식 수준은 어느 정도나 될까요? 스스로 점검한 후, 서로 이야기를 나누어 봅시다.

한국인의 행동양태와 질서의식	그렇다	모르겠다	그렇지않다
1) 우리 집 쓰레기는 분류를 하지 않고 버린다.			
2) 다른 사람과 이야기할 때 내 주장을 앞세운다.			
3) 다른 사람과 대화할 때 다른 사람을 신경쓰지 않는다.			
4) 술자리는 시끄러워야 하고 3, 4차는 보통이다.			
5) 항상 빨리빨리를 외치는 조급증이 있다.			
6) 교통법규를 잘 지키지 않고, 교통사고 시 무조건 소리를 높인다.			

2. 기독교인은 어떤 자세로 질서를 지키고 협동정신을 가져야 할까요? 고린도전서 14장 40절을 찾아 적고 확인해 봅시다.

〈고전 14:40〉

3. 나는 교회와 사회 공동체 속에서 질서의식과 협동정신을 가지고 생활하는 모범적인 시민이며 기독교인일까요? 각 영역에서 어떤 자세로 질서를 존중하는 것이 성경적이라고 생각합니까? 주어진 성경을 참고하여 이야기해 봅시다.

① 국가 질서 (롬 13:1-4)

1 각 사람은 위에 있는 권세들에게 복종하라 권세는 하나님으로부터 나지 않음이 없나니 모든 권세는 다 하나님께서 정하신 바라

2 그러므로 권세를 거스르는 자는 하나님의 명을 거스름이니 거스르는 자들은 심판을 자취하리라

3 다스리는 자들은 선한 일에 대하여 두려움이 되지 않고 악한 일에 대하여 되나니 네가 권세를 두려워하지 아니하려느냐 선을 행하라 그리하면 그에게 칭찬을 받으리라

4 그는 하나님의 사역자가 되어 네게 선을 베푸는 자니라 그러나 네가 악을 행하거든 두려워하라 그가 공연히 칼을 가지지 아니하였으니 곧 하나님의 사역자가 되어 악을 행하는 자에게 진노하심을 따라 보응하는 자니라

② 경제 질서 (엡 6:5-9)

5 종들아 두려워하고 떨며 성실한 마음으로 육체의 상전에게 순종하기를 그리스도께 하듯 하라

6 눈가림만 하여 사람을 기쁘게 하는 자처럼 하지 말고 그리스도의 종들처럼 마음으로 하나님의 뜻을 행하고

7 기쁜 마음으로 섬기기를 주께 하듯 하고 사람들에게 하듯 하지 말라

8 이는 각 사람이 무슨 선을 행하든지 종이나 자유인이나 주께로부터 그대로 받을 줄을 앎이라

9 상전들아 너희도 그들에게 이와 같이 하고 위협을 그치라 이는 그들과 너희의 상전이 하늘에 계시고 그에게는 사람을 외모로 취하는 일이 없는 줄 너희가 앎이라

③ 가정 질서 (엡 5:22-6:4)

22 아내들이여 자기 남편에게 복종하기를 주께 하듯 하라

23 이는 남편이 아내의 머리 됨이 그리스도께서 교회의 머리 됨과 같음이니 그가 바로 몸의 구주시니라

24 그러므로 교회가 그리스도에게 하듯 아내들도 범사에 자기 남편에게 복종할지니라

25 남편들아 아내 사랑하기를 그리스도께서 교회를 사랑하시고 그 교회를 위하여 자신을 주심 같이 하라

26 이는 곧 물로 씻어 말씀으로 깨끗하게 하사 거룩하게 하시고

27 자기 앞에 영광스러운 교회로 세우사 티나 주름 잡힌 것이나 이런 것들이 없이 거룩하고 흠이 없게 하려 하심이라

28 이와 같이 남편들도 자기 아내 사랑하기를 자기 자신과 같이 할지니 자기 아내를 사랑하는 자는 자기를 사랑하는 것이라

29 누구든지 언제나 자기 육체를 미워하지 않고 오직 양육하여 보호하기를 그리스도께서 교회에게 함과 같이 하나니

30 우리는 그 몸의 지체임이라

31 그러므로 사람이 부모를 떠나 그의 아내와 합하여 그 둘이 한 육체가 될지니

32 이 비밀이 크도다 나는 그리스도와 교회에 대하여 말하노라

33 그러나 너희도 각각 자기의 아내 사랑하기를 자신 같이 하고 아내도 자기 남편을 존경하라

1 자녀들아 주 안에서 너희 부모에게 순종하라 이것이 옳으니라

2 네 아버지와 어머니를 공경하라 이것은 약속이 있는 첫 계명이니

3 이로써 네가 잘되고 땅에서 장수하리라

4 또 아비들아 너희 자녀를 노엽게 하지 말고 오직 주의 교훈과 훈계로 양육하라

④ 사회 질서에서 (엡 5:15-18)

15 그런즉 너희가 어떻게 행할지를 자세히 주의하여 지혜 없는 자 같이 하지 말고 오직 지혜 있는 자 같이 하여

16 세월을 아끼라 때가 악하니라

17 그러므로 어리석은 자가 되지 말고 오직 주의 뜻이 무엇인가 이해하라

18 술 취하지 말라 이는 방탕한 것이니 오직 성령으로 충만함을 받으라

성숙한 공동체 의식 갖기

아래의 내용들에 대해서 생각해 보고 느낀 점들을 서로 나누어 봅시다.

질서에 관한 입장 차이

① 차에 타고 있을 때는 늦게 가는 행인을 욕하고, 횡단보도를 건널 때는 빵빵대는 운전사를 욕한다.

② 남이 천천히 차를 몰면 소심 운전이고, 내가 천천히 차를 몰면 안전 운전이다.

③ 남이 신호 위반을 하는 것은 기본 법률을 무시하는 파렴치한 행위이고, 내가 신호 위반을 하는 것은 피치 못할 급한 사정이 있기 때문이다.

④ 설거지를 할 때, 남이 합성세제를 많이 쓰는 것은 환경오염에 관한 위기 의식이 없어서이고, 내가 합성세제를 많이 쓰는 것은 기름기가 많아서 어쩔 수 없기 때문이다.

⑤ 극장에서, 남이 지정 좌석에 앉지 않는 것은 자기 자리 놓아두고 좋은 자리 빼앗는 심술 때문이고, 내가 그러는 것은 아무데나 앉으면 그만이라는 털털한 생각 때문이다.

⑥ 지하철에서 서 있을 때, 남은 조금만 양보해서 한 자리를 만들어 나를 앉게 해야 하고, 나는 한 사람 더 끼면 불편하니까 계속 넓게 앉아 가도 된다.

⑦ 남이 무단 횡단을 하는 것은 목숨 따윈 가볍게 여기는 경박한 행동이고, 내가 무단 횡단을 하는 것은 목숨마저 아깝지 않을 만큼 급한 일이 있어서이다.

⑧ 공중전화에서, 남이 통화를 오래 하면 쓸데없는 수다가 긴 것이고, 내가 오래 하면 그만큼 용건이 긴요한 것이다.

⑨ 남이 산에 쓰레기를 버리면, '모든 놈이 다 저러니 어쩌냐'고 한탄하고, 내가 산에 쓰레기를 버리면, '나 하나쯤이야' 하고 생각하면 되고…

⑩ 남이 나한테 돈을 빌릴 때는 친한 사이라도 돈 거래에서는 이자 계산을 꼬박꼬박 해야 하는 것이고, 내가 남한테 돈을 빌릴 때는 친한 사이에 이자 계산하는 것은 우정 망칠 일이다.

⑪ 복잡한 버스나 지하철에서, 남이 나를 밀치는 것은 저만 편하고자 하는

이기적인 욕심 때문이고, 내가 남을 밀치는 것은 다른 사람이 밀쳐서 어쩔 수 없이 밀린 것이다.

⑫ 남이 책을 내면 나는 당연히 증정을 받아야 하고, 내가 책을 내면 남은 당연히 돈을 내고 사야 한다.

⑬ 남이 단체 생활을 싫어하는 것은 고립적인 자기 성격 탓이고, 내가 단체 생활을 싫어하는 것은 독립적인 성품 탓이다.

⑭ 주말에 가족 여행할 때, 남은 길 막히는 것을 생각해서 대중교통 수단을 이용해야 하고, 나는 그래도 자가용이 편하더라.

⑮ 남이 새치기를 하는 것은 용납할 수 없는 얌체 행위이고, 내가 새치기를 하는 것은 급하다 보면 그럴 수도 있는 것이다.

⑯ 네가 나한테서 빌려간 책은 반드시 돌려주어야 하고, 내가 너한테 빌려온 책은…'원래 책은 한 번 빌려오면 땡이다!'

⑰ 남이 아파트에서 시끄럽게 사는 것은 공공주택에서 그러면 절대 안 되는 것이고, 내가 아파트에서 시끄럽게 사는 것은 아무리 아파트라 하더라도 내 집이니까 상관없는 일이다.

⑱ 극장에서, 남은 뒷사람을 위해 앉은키를 최소한으로 낮추어야 하고, 나는 영상을 잘 보기 위해 앉은키를 최대한으로 높여도 된다. (영화 보러 갔지 예의 지키러 갔나?)

⑲ 공중전화에서, 남은 다른 사람을 위해 간단히 통화할 의무가 있고, 나는 용건이 다할 때까지 오래 쓸 권한이 있다.

⑳ 버스 안에서 노인이 탔을 때, 남은 얼른 일어나 자리를 양보해야 하고, 나는 그냥 앉아서 눈 감고 자는 척하는 게 상책.

㉑ 공중화장실에서, 남은 뒷사람을 위해 빨리 나와 주어야 하고, 나는 누가 기다리고 있건 말건 용무를 마칠 때까지 버텨도 된다.

㉒ 내가 길을 건널 때는 모든 차가 멈추어 서야 하고, 내가 운전을 할 때는 모든 보행자가 멈추어 서야 한다.

㉓ 남이 공공장소에서 큰소리로 얘기하는 것은 시끄러운 소음이고, 내가 공공장소에서 큰소리로 얘기하는 것은 유쾌한 대화이다.

㉔ 남이 해외여행을 하면 사치 낭비 풍조이고, 내가 해외여행을 하면 세상 견문을 넓히는 유익한 활동이다.

㉕ 남이 연장자에게 반말하는 것은 기본 예의도 모르는 것이고, 내가 연장자에게 반말하는 것은 격의 없는 친근감의 표시이다.

서울대 사회발전연구소가 서울, 전북 전주, 경남 사천의 세 도시 102개 장소에서 "시민들의 일상적 행동"을 관찰 조사하였다. 그 가운데 눈길을 끄는 것 몇 가지를 소개한다.

첫째, 12개 목욕탕에서 24시간 동안 샤워대를 사용하지 않을 때 밸브를 잠그지 않은 사람이 176명이었는데, 샤워대를 이용한 사람 394명의 44.7%였다. 1인당 물 사용량 세계 1위라는 사실을 뒷받침하는 사례이다.

둘째, 30시간 동안 버스 정류장 주변 행인 1,841명을 관찰하였는데, 담배꽁초를 함부로 버린 사람이 154명, 즉 행인의 8.7%였다. 그런데 버스 정류장 주변에 쓰레기통이 없는 곳이 많았다. 쓰레기 종량제 실시 이후 지방자치단체에서 쓰레기통을 대폭 줄임에 따라, 행인들이 쓰레기를 버릴 마땅한 곳이 없자 가로수 밑에 담배꽁초를 버리는 사례가 다수 발견된 것이다.

셋째, 서울 지하철 전동차 안 노약자석에 젊은이들이 앉아 있는 사례가 총 네 시간 동안 95명 관찰되었다.

넷째, 3개 백화점에서 6시간 동안 고객들이 쇼핑카트를 사용한 후 제대로 가져다 두지 않은 사람을 관찰하였다. 고객 2,376명 중 64명인 2.7%가 쇼핑카트를 아무 데나 버려두고 백화점을 떠났다.

이러한 현상의 원인은 두 가지 측면에서 찾을 수 있다. 첫째는 '한국인의 공공성에 대한 인식 부족'이다. 이를 타인의식(sense of otherness) 부족이라는 일종의 병리현상으로 볼 수도 있다. 예를 들면, 지하철 전동차의 벽면에 부착되어 있는 '노약자석 안내문'을 보고서도 무시해 버린다. 빈 좌석이 많은데도 불구하고 노약자 석에 아무런 거리낌 없이 착석하는 현상이 그 예이다. 또한 아이들의 무절제한 행동을 통제하지 않는 부모들이 많다는 점도 문제이다. 부모들이 자기 아이의 기를 살린다는 명분으로 타인에게 피해를 입히는 행위를 방치하고 있다.

둘째는 '잘못된 제도(system)에 대한 한국인의 반응'이다. 예를 들어, 버스 정류장에서 줄 서기가 잘 지켜지지 않아 여러 대의 노선버스가 이리저리 정차하는 상황이 벌어진다. 그러므로 시스템을 정비하는 것이 무엇보다 시급하다.

물론 쓰레기통이 비치되어 있지 않다고 쓰레기를 함부로 버리는 행위가 정당화될 수는 없다. 그러므로 먼저 시스템을 정비하고, 그 후에 한국인의 타인의식이 배양되어야 건전한 시민행동이 이 사회에 자리잡게 될 것이다.

새길말씀 외우기

오직 사랑 안에서 참된 것을 하여 범사에 그에게까지 자랄지라 그는 머리니 곧 그리스도라 그에게서 온 몸이 각 마디를 통하여 도움을 받음으로 연결되고 결합되어 각 지체의 분량대로 역사하여 그 몸을 자라게 하며 사랑 안에서 스스로 세우느니라 (엡 4:15-16)

결단의 기도

세상에 질서를 창조하신 주 하나님! 죄로 인해 무질서한 세상을 구원하시려고 아들이신 예수 그리스도를 보내시고 십자가에서 죽게 하심으로써 세상과 화해를 이루신 은혜를 감사드립니다. 그리스도를 머리로 삼고 모든 지체들이 연결되어 한 몸을 이루는 신비를 깨닫게 하심도 감사드립니다. 또한 선택하셔서 구원하신 성도들에게 각각의 은사들을 베푸시고 성령으로 하나가 되게 하시는 역사를 통해 온전케 하시고 공동체의 일치와 질서를 이루게 하심도 감사드립니다. 저희들로 하여금 그리스도의 사랑 안에서 성숙하게 하시고 세상에서 질서를 지키는 모범된 성도들이 되게 하소서! 예수님의 이름으로 기도합니다. 아멘.

3
평신도 양육교재

바른 정치를 실현하는 나라

배울말씀   열왕기상 3장 1–14절
새길말씀   나라는 죄가 있으면 주관자가 많아져도 명철과 지식 있는 사람으로 말미암아
장구하게 되느니라 (잠 28:2)

평신도 양육교재
관심갖기

기독교인의 사회 참여

"독일 기독교인, 빈부격차 해소·환경문제 적극 참여"

　　독일 개신교를 대표하는 20
명의 감독 중 한 명인 개신교 지
도자 마르쿠스 드뢰게 목사가
지난 2013년 7월 3일 한국을
방문하였다. 그는 한국교회의
역할에 대하여 다음과 같이 제
안하였다.

　　"교회의 사회적 역할은 평화
로운 공동체를 만드는 것입니다. 한국 교회는 남과 북의 정치적 갈등, 부자
와 빈자의 사회적 갈등을 치유해 평화로운 한반도를 만들어야 합니다."

　"독일 교회는 사회적으로 어떤 역할을 하고 있나?"
　"베를린은 100개국 이상의 사람들이 섞여 사는 곳이다. 무슬림들도 많
다. 베를린 교회는 종교 간 평화를 위해 많은 노력을 하고 있다. 베를린에는
160여개의 외국인 교회가 있다. 한국인 교회도 13개 있다. 독일 교회는 많

은 외국인이 베를린에 와서 평화롭게 잘 살 수 있도록 기도한다.

독일 교회가 하는 일 가운데 빼놓을 수 없는 것은 독일 사회 내 빈부격차를 해소하는 것이다. 그 중심에 기독교단체인 디아코니가 있다. 사회봉사와 섬김의 일을 하는 곳이다. 디아코니는 현재 독일 정부 다음으로 많은 사람들에게 일자리를 주고 있다. 디아코니에서 일하는 사람들이 메르세데스 벤츠나 BMW에서 일하는 사람보다 많을 정도다."

"교회가 통일과정에서 어떤 역할을 하였나?"

"독일이 통일되기 전 동독과 서독의 교회는 서로 파트너 관계를 맺고 있었다. 동독 교회는 서독 교회를 방문하지 못했지만 서독 교회는 동독 교회를 방문할 수 있었다. 공산주의 치하에서도 동독 교회는 서독 교회와 파트너 관계 속에서 시민의식을 키워갈 수 있었다.

통일운동과 민주화 운동 당시 동독의 교인들은 시위를 나가기 전에 교회에서 예배를 드렸다. 그들이 민주화 운동을 할 수 있도록 교회가 도왔던 것이다. 동독 교회는 절대 폭력을 휘둘러선 안 된다고 강조했다. 이러한 동독 교회의 역할에 힘입어 베를린 장벽이 무너지는 과정이 평화로울 수 있었다. 장벽이 무너지고 난 다음 동독 정보기관 관계자는 "우리는 어디든 다 감시할 수 있었다. 모든 것을 다 미리 예상할 수 있었는데, 교회가 촛불을 밝히고 기도할 거라는 생각은 못했다"고 말했다고 한다. 장벽이 무너진 이후에는 이제 교회는 종교 평화를 유지하기 위해 노력하고 있다."

"독일의 종교개혁 시대, 기독교적 소명의식은 어떤 역할을 하였나?"

"독일 역사에서 종교개혁 시대를 보면 소명의식이 정말 중요했다는 걸 알 수 있다. 성스럽게 교회만 가는 것이 아니라 내가 주부로서, 내가 하나의 직업인으로서 의식을 갖고 살아가는 것이 독일 역사에서 매우 중요했다는 말이다. 이 소명의식이 확실히 독일인의 의식 속에, 성품 그리고 윤리와 도덕 속에 깊이 박혀 있는 것이 사실이다. 개신교든 가톨릭이든 상관없이 기독교인은 모두 다 사회문제에 책임을 져야 한다는 의식이 있다. 빈부격차나 환경문제 등에 책임을 져야 한다는 의식이다.

독일의 많은 기독교인들이 자원봉사자로서 일한다. 그게 18세 미만의 청소년들 사이에서도 강하다. 기독교적 가치관이 영향을 미치고 있는 것이라고 생각한다. 정치가 중에도 기독교인이 매우 많다. 앙겔라 메르켈 총리가 개신교 목사 딸이다. 요하임 가우크 독일 대통령(동독 출신)도 개신교 목사다. 동독에서 목사였던 사람들은 사회문제에 책임이 있다고 생각했기 때문에 통일 이후 정치에 많이 참여했다. 통일 이후 새로운 사회제도를 책임 있게 이끌어가고 싶었기 때문이다. 이것을 소명의식이라고 말할 수 있다."

국민일보 2013년 7월 7일자. 문동성 기자

1. 독일 개신교 교회의 사회참여에 대한 인터뷰 기사를 읽고 어떤 생각이 드는지 이야기를 나누어 봅시다.

2. 당신은 기독교인들의 사회 참여에 대해서 어떻게 생각하십니까?

　　교회의 정치참여는 예언자들의 행태와 예수님의 십자가에 나타난 원리와 방법에 근거해야 하며 성경의 핵심인 하나님 나라를 지향해야 한다. 그것은 우선 세 가지 원리로 요약된다.

　　첫째로 하나님 절대주의 원리이어야 한다. 오직 하나님의 통치만을 인정하는 정치행위이다. 그것은 하나님 이외의 그 어떤 제도, 인물, 이념을 절대화하거나 절대화를 강요하는 모든 정치권력을 부정하는 것이다. 그래서 하나님은 이스라엘이 이방인들처럼 왕정국가를 세우는 것을 거부하셨다(삼상 8장). 인간적인 모든 것은 결코 하나님 앞에서 그 가치를 주장할 수 없다. 그것은 하나님 나라의 도래와 함께 모두 소멸될 것이다. 오직 하나님의 통치와 오직 하나님만이 영광을 받아야 한다.

　　둘째로 이웃 사랑의 원리이어야 한다. 이것은 도덕성을 판단하는 기준이 된다. 교회의 정치참여는 자신이 속한 집단의 이익을 위한 것이 아니라 율법의 정신이자 십자가에 나타난 이웃사랑에 근거해야 한다(갈 5:13-15; 요 3:16). 교회는 언제나 죄인과 세리의 친구이며 목자 없는 양 같이 유리하는 무리들을 긍휼히 여기신 예수 그리스도의 마음으로 정치에 참여해야 한다(마 9:36). 교회가 정치적 행동을 결단할 때마다 자기 자신의 안위와 이익이 아니라 언제나 사회에서 소외된 사람들을 먼저 생각하고 그들 편에서 행동해야 한다(마 25:31-45).

　　셋째로 인간 구원의 원리이어야 한다. 이것은 지향해야 할 목적을 제시한다. 예수 그리스도는 인간을 온전하게 구원하시길 바라신다. 예수님은 정신적이고 신체적인 질병, 개인 이기주의, 편협한 민족주의, 사회적 비인간화, 종교적 인간 학대, 폭력적 정치구조로부터 인간을 구원하시고자 하셨다(눅 4:18-19). 복음을 선포하는 교회는 인간 구원을 우선적인 목적으로 삼아야 한다. 교회의 정치 참여는 인간 구원을 위한 한 수단이지 본업이 아니다. 즉 교회는 정치권력의 획득이나 자신의 종교적 이익을 추구하는 것이 아니라 인간구원을 위해 정치에 참여해야 한다. 이것을 전제로 하지 않는 종교의 정치참여는 언제나 인간을 노예화하는 정치적 폭력보다 더 무서운 종교적 폭력이 된다.

류장현 교수, "교회의 정치참여에 대한 고언"에서

정치와 하나님의 지혜

배울말씀인 열왕기상 3장 1–14절을 읽고 주어진 질문에 답해 봅시다.

1. 솔로몬은 왜 애굽 바로의 딸과의 정략결혼을 선택했다고 생각합니까?
   (왕상 3:1–2)

2. 솔로몬은 하나님에 대하여 어떤 태도를 가지고 있었다고 생각합니까?
   (왕상 3:3–7)

3. 솔로몬은 이스라엘 통치자로서 하나님께 무엇을 구했습니까? (왕상 3:8–10)

4. 솔로몬의 기도에 하나님은 어떻게 응답하셨습니까? (왕상 3:11–15)

성경에 나타난 지혜의 역할
① 시험에 들지 않게 합니다. (잠 2:16)
② 보호하고 지켜주십니다. (잠 4:6)
③ 영화롭게 합니다. (잠 3:35, 잠 4:7, 잠 4:8)
④ 생명을 보존케 합니다. (잠 15:24, 전 7:12)
⑤ 바른 길로 인도합니다. (잠 4:23, 잠 23:19)
⑥ 소망이 끊어지지 않게 합니다. (잠 24:14)
⑦ 얼굴을 밝게 해 줍니다. (잠 3:13~15, 전 8:1)
⑧ 성공하기에 유익합니다. (전 10:10)
⑨ 하나님 나라에 가까이 가게 합니다. (막 12:34)

평신도 양육교재

반성하기   공법을 물 같이 정의를 하수 같이

1. 지금 우리 나라는 정치 사회적으로 어떤 문제가 있다고 생각하십니까?

2. 한국교회는 사회정의를 실현하기 위해 어떤 노력을 기울여야 한다고 생각합니까? 아모스 5장 24절의 말씀을 찾아 적고 이야기를 나누어 봅시다.

> 〈암 5:24〉

3. 요한복음 18장 36절을 읽어 봅시다. 이 말씀에 나타난 예수님의 정치적인 태도에 대해서 이야기해 봅시다.

> 예수께서 대답하시되 내 나라는 이 세상에 속한 것이 아니라 만일 내 나라가 이 세상에 속한 것이었더면 내 종들이 싸워 나로 유대인들에게 넘기우지 않게 하였으리라 이제 내 나라는 여기에 속한 것이 아니니라 (요 18:36)

4. 갈라디아서 5장 1절은 "그리스도께서 우리로 자유케 하려고 자유를 주셨으니 그러므로 굳세게 서서 다시는 종의 멍에를 메지 말라"고 말씀하셨습니다. 기독교인은 신앙의 자유를 수호하기 위해서 정치활동에 참여해야 할 때가 있습니다. 다음의 사항들 중에서 관계있는 것끼리 줄로 이어봅시다.

1. 국가가 신앙생활을 침해할 때 교회는 항거해야 한다.

2. 국가가 자기우상화를 꾀할 때 교회는 이를 경고해야 한다.

3. 국가가 종교적 중립의 원칙을 지키지 못하고 특정 종교에 일방적 특혜를 주는 경우가 발생할 때 항의해야 한다.

4. 국가가 기독교인에게 불이익을 주는 제도를 시행하거나 허용할 때 교회는 시정을 요청해야 한다.

ㄱ. 한국교회는 국비로 단군신전을 건립하려는 일과 불교의 연등행사를 지원하는 일에 강력히 항의해야 한다.

ㄴ. 공무원 임용시험이나 대기업 입사시험을 주일에 시행함으로써 기독교인들에게 제도적 불이익을 주는 것은 헌법에 명시된 종교적 평등과 고용의 차별금지 조항을 위반하는 것이므로 정부와 기업체에 꾸준히 요구해야 한다. 이외에도 근무 상 차별대우 등 기독교인이 사회생활을 영위함에 있어서 당하는 모든 불이익을 시정하는 정치적 노력을 다해야 한다.

ㄷ. 한국교회는 일제 시대에 신사참배에 항거했으며, 해방 후 국기배례나 교회사찰에 저항했다. 독재가 극에 달했을 때 정부는 교회의 설교와 헌금에까지 간섭하기도 했었다.

ㄹ. 이것은 신앙의 자유를 근본적으로 위협하는 최대의 적이다. 독재자는 정치권력의 한계를 인정하지 않고 국가를 절대화 혹은 종교화하여 모든 종교의 신앙의 자유를 심각하게 침해하고 말살하려고 했다. 그러므로 교회는 독재자의 전체주의 음모와 국가권력의 무리한 확대를 강력히 경고해야 한다.

다음 글을 읽고 주어진 질문에 대해 답해 봅시다.

다음은 우리 사회에서 볼 수 있는 부패행위들입니다.

· 위생담당 공무원이 뇌물을 받고 관할구역 내 유흥주점의 불법영업을 묵인해 주는 행위
· 관할구역 내의 업소로부터 정기적으로 금전이나 물품을 상납받는 행위
· 직원들로부터 뇌물을 받고 인사에 특혜를 주는 행위
· 병역면제를 청탁하는 행위
· 세무담당 공무원이 뇌물을 받고 탈세를 묵인해 주는 행위
· 공공기관의 재산을 팔아서 사적으로 이득을 챙기거나 공금을 횡령하는 행위
· 공문서를 위조하는 등 상사나 동료에게 허위보고를 하여 개인적으로 이익을 챙기는 행위
· 교통담당 공무원이 뇌물을 받고 민원인의 위법 사실을 묵인하는 행위
· 다른 공무원들과 결탁하여 업체나 민원인으로부터 뇌물을 받아 함께 나누는 행위
· 업체나 민원인에게 이익 또는 불이익을 줄 수 있는 정보를 사전에 주고 그 대가로 뇌물을 받는 행위
· 관련업체로부터 그 업체의 신용카드를 지급받아 이를 평소에 가지고 다니면서 사용하는 행위
· 민원인들로부터 룸살롱 등 유흥업소에서 접대를 받는 행위
· 소방담당 공무원이 뇌물을 받고 소방 안전시설에 대한 점검을 하지 않거나 소홀히 하는 행위
· 자신의 인사문제와 관련하여 인사권자 및 관계자에게 뇌물을 주는 행위

> · 업무상 알게 된 정보를 활용하여 사적으로 주식이나 부동산 투기를 하는 행위
> · 가까운 후배나 친척을 자신이 근무하는 관공서에 취직시키거나 요직에 임명하는 행위
>
> － 장종현 편, 『정의의 윤리』 중에서 －

1. 내가 경험했거나 기억하고 있는 부패 행위에는 어떠한 것들이 있습니까?

2. 지금 내가 참여할 수 있는 정치사회 문제에는 어떤 것들이 있을까요? 나는 어떻게 참여할 수 있을까요? 3가지 정도 적어 봅시다.

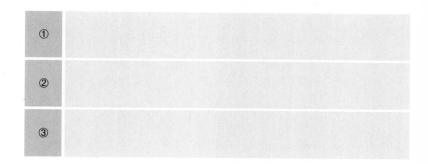

①	
②	
③	

새길말씀 외우기

나라는 죄가 있으면 주관자가 많아져도 명철과 지식 있는 사람으로 말미암아 장구하게 되느니라(잠 28:2)
새번역) 나라에 반역이 일면, 통치자가 자주 바뀌지만, 슬기와 지식이 있는 사람이 다스리면, 그 나라가 오래간다.

결단의 기도

교회와 국가를 통해서 하나님의 공의와 사랑이 실현되기를 원하시는 하나님! 우리를 구원하시고 우리에게 정치적 지혜를 주심으로 공동체의 건강을 유지하게 하심을 감사드립니다. 특히 기독교인들의 정치참여를 통해서 사회를 정화하고 이웃에 대한 사랑을 실천하여 약하고 소외된 자들이 대접을 받는 공동체가 속히 이루어지도록 은혜를 베풀어 주소서. 우리 사회에 바른 정치가 실현되어 속히 하나님 나라를 맛볼 수 있도록 은혜를 베풀어 주옵소서. 예수님의 이름으로 기도합니다. 아멘.

4
평신도 양육교재

빛과 소금의 사명

배울말씀 열왕기하 23장 1-27절
새길말씀 너희는 세상의 소금이니 소금이 만일 그 맛을 잃으면 무엇으로 짜게 하리요
후에는 아무 쓸 데 없어 다만 밖에 버려져 사람에게 밟힐 뿐이니라 (마 5:13)

평신도 양육교재
관심갖기
무엇을 개혁할 것인가?

다음은 지난 2013년에 출간된 책입니다. 책 소개를 읽고 주어진 질문에 대답해 보세요.

새로운 한국교회를 위한 20가지 핵심 과제『한국교회 개혁의 길을 묻다』. 이 책은 요즘 한국 개신교를 떠들썩하게 한 교회 세습과 종교인 세금 문제에서부터 초대형 교회 문화, 값싼 구원론, 무속적인 신앙, 교회 안의 맘몬 숭배주의, 구약의 율법적 사고방식, 공격적이고 배타적인 선교, 남북분단과 교회의 역할 등을 다루었다. 한국교회의 현안뿐 아니라 기독교 내부의 치부를 드러내는 낯 뜨거운 실화, 그리고 비판과 회개, 아프고 고통스러운 기독교 내부의 근본적인 문제들을 적나라하게 성찰해보고 대안을 모색하려고 노력하고 있다.

다음 도서 정보 사이트(http://book.daum.net) 참조

1. 당신은 한국교회가 진정한 개혁을 이루기 위해서 어떤 것부터 시작해야 하고 무엇이 개혁되어야 한다고 생각합니까?

2. 로마서 12장 2절은 '너희는 이 세대를 본받지 말고 오직 마음을 새롭게 함으로 변화를 받아 하나님의 선하시고 기뻐하시고 온전하신 뜻이 무엇인지 분별하도록 하라'고 말씀하십니다. 당신은 자신의 모습 중 무엇을 먼저 개혁해야 한다고 생각하십니까?

평신도 양육교재
기억하기
요시야 왕의 종교개혁

배울말씀인 열왕기하 23장 1-27절을 읽고 주어진 질문에 답해 봅시다.

1. 요시야 왕은 모든 이스라엘 백성들을 불러 모은 후, 무엇을 하였습니까? (왕하 23:1-3)

2. 하나님의 말씀을 지키는 국가적인 종교개혁을 이행하는 데 있어서 가장 먼저 시행한 일은 무엇입니까? (왕하 23:4-6)

3. 계속해서 이어지는 요시야 왕의 개혁에는 어떤 것들이 있었습니까? 그 의미는 무엇일까요? (왕하 23:21-25)

4. 이러한 요시야 왕의 종교개혁의 노력에도 불구하고 그 이후에 유다 백성들이 하나님께 버림 받아 멸망당한 이유는 무엇일까요?? (왕하 23:26-27)

반성하기
평신도 양육교재

진정한 종교개혁

1. 우상이란 무엇이고 진정한 종교개혁은 무엇이라고 생각합니까? 디모데전서 6장 10절의 말씀을 바탕으로 생각해 봅시다.

> 돈을 사랑함이 일만 악의 뿌리가 되나니 이것을 탐내는 자들은 미혹을 받아 믿음에서 떠나 많은 근심으로써 자기를 찔렀도다 (딤전 6:10)

2. 온전한 기독교인이 세상에서 빛과 소금의 기능과 역할을 다한다는 것은 어떤 것을 말한다고 생각합니까? 마태복음 5장 16절을 읽고 생각해 봅시다.

〈마 5:16〉

아래의 글을 읽고 주어진 질문에 답해 봅시다.

당신은 기독교인입니까? 그렇다면 당신은 성령을 마음에 담은 사람입니까, 아니면 복음을 방해하는 마음을 가진 사람입니까? 사회생활을 하면서 제가 본 사람들 중에 교회 다닌다고 하고, 교회에서 봉사도 하고 집사, 장로, 권사라고 하면서 하나님의 복음에 방해되는 사람이 너무나 많습니다.

어떤 사람은 회사에 성경구절을 예쁘게 잘 걸어놓았습니다. 사업이 안 될 때는 금식하며 교회에 가서 기도합니다. 그리고 1주일에 한 번씩 직장에서 예배 드리고 찬송 부르고 기도합니다. 그러나 경영주로서 직원의 월급을 이런 핑계, 저런 핑계로 적게 주기도 하고 어떤 때는 돈이 없다며 다음날, 또 다음날 주겠다고 하면서 정확한 날짜에 월급도 잘 주지 않습니다. 가이사의 것을 가이사에게 주지 않으려고 합니다.

어떤 사람은 안수 집사인데 다른 사람의 학비를 받은 후에 외국학교에 보낼 돈을 보내지 않고 다른 데 쓰다가 나중에 알게 된 학생의 가족이 와서 항의하자 엉뚱하게도 직원이 실수한 거라며 핑계를 대기도 합니다.

어떤 집사님은 회사 식당에 식사를 배달해서 시켜먹고는 때가 되어서 돈을 받으러 가면 다음에 오라고 하고 이것 때문에 싸우기도 합니다. 이 사람들은 행실은 악한데 직장에서 교회 다닌다고 하며 수시로 복음에 대하여 말을 합니다. 하지만 그 누구도 이런 사람의 행실을 보고 하나님의 말씀이나 복음을 받아들이려고 하지 않습니다. 왜냐하면 악한 마음을 가진 사람의 행동 때문에 하나님의 복음이 세상에 전해지는 데 방해가 되기 때문입니다.

하나님은 우리에게 예수님은 세상의 빛이요, 생명이라고 말씀하셨습니다. 예수님은 아픈 사람들을 불쌍히 여기셔서 치료해 주시고, 물고기 두 마리와 보리떡 다섯 개로 배고픈 사람들 오천 명을 먹이시는 마음이 따뜻한 분이셨습니다.

예수님의 뜻을 따라서 사는 사람도 있습니다. 어떤 집사님은 자신이 가진 의술을 이용하여 무료로 다른 나라와 어려운 이웃을 돕는 사람이 있습니다. 대천덕 신부님은 예수원을 설립하여 각계 각층의 사람들을 보호하고 가르치고 일자리를 마련해 주기도 하면서 사랑을 주었습니다. 그 결과 많은 사람들이 예수님을 믿고 구원을 받아 새사람이 되기도 했습니다. 어떤 분은 회사가 경영난으로 문을 닫아야 하는 순간에도 부채를 지고라도 직원들의 급여를 주고, 또 직장을 잃어야 하는 사원들을 위하여 약간의 돈을 더 주며 미안하다고 말하는 사람도 있습니다.

　　세상에는 이렇게 하나님께 빛이 되는 기독교인이 있고, 반대로 기독교인이라고는 하지만 오히려 하나님의 복음을 방해하는 사람도 있습니다. 기독교인은 예수 그리스도의 마음을 품고 사는 사람들입니다. 오늘은 나를 돌아보십시오. 당신은 그리스도의 빛이 되는 사람입니까?

어떤 기독교인

1. 당신은 어떤 사람이라고 생각하십니까?

2. 세상의 빛과 소금의 직분을 감당하기 위해 어떤 삶을 살아야 할까요? 다음 표를 바탕으로 소금과 빛으로서의 나의 삶에 대한 다짐을 적어 봅시다.

	생활의 영역	나의 모습 내가 할 수 있는 것 내가 해야 할 것
빛으로서	동네에서 · ·	마을을 깨끗하게 하기 위해서 내가 먼저 아침마다 청소를 하겠다. · ·
소금으로서	회사에서 · ·	세금을 정확하게 내겠다. · ·

새길말씀 외우기

너희는 세상의 소금이니 소금이 만일 그 맛을 잃으면 무엇으로 짜게 하리요 후에는 아무 쓸 데 없어 다만 밖에 버려져 사람에게 밟힐 뿐이니라(마 5:13)

결단의 기도

긍휼이 많으신 주 여호와 하나님! 100년 전에 우리 민족에게 민족대부흥이라는 큰 복을 주셔서 한국교회가 성장하게 됨을 감사드립니다. 그러나 오늘 우리는 너무도 부끄러운 마음으로 기도하게 됩니다. 하나님을 믿는다고 하면서 세상을 사랑하고 하나님보다도 물질을 더 중요하게 여기는 저희가 되었습니다. 회개와 순종과 헌신보다는 편안한 것과 실리적인 것과 말로만의 헌신을 외치며 사는 죄악된 저희가 되었습니다. 미신을 좇고 우상들을 섬기는 어리석음 가운데 살고 있습니다. 정직하고 의로운 자를 찾기 어렵고 마음이 부패하여 하나님을 멀리 떠난 자들이 가득한 이 세상에서 빛과 소금의 직분을 다하여 하나님의 영광을 드러낼 수 있도록 힘을 주시고 지혜를 주시옵소서. 다시 하나님의 언약의 말씀들을 지켜 행함으로 하나님께 영광이 되도록 인도하시옵소서. 큰 회개와 부흥의 역사를 다시 허락해 주시옵소서! 예수 그리스도의 이름으로 기도합니다. 아멘.

5
평신도 양육교재

대망의 미래

배울말씀 마태복음 25장 1–13절

새길말씀 이러므로 너희도 준비하고 있으라 생각하지 않은 때에 인자가 오리라

(마 24:44)

평신도 양육교재

관심갖기

천황이 높으냐, 예수가 높으냐?

아래의 글을 읽고 질문에 답해 봅시다.

철원교회 목사 박봉진은 1943년 5월 27일 형사들에게 연행되어 유치장에서 조사를 받았다. 형사들은 박 목사에게 "천황이 높으냐, 예수가 높으냐?" 하고 물으면서 가혹한 고문을 했다. 박 목사는 "천황은 사람이요, 예수님은 하나님이시다. 어떻게 천황이 하나님보다 높다고 할 수 있겠느냐."라고 답변하기를 반복하였다. 그는 신사참배를 거절한 이유로 "하나님 외에 참 신이 없으며 육은 죽여도 영혼은 죽이지 못하는 당신들이 나는 전혀 두렵지 않다."라고 밝혔다. 결국 일제에 굴복하지 않고 고문을 당하다 온 몸이 만신창이가 된 채로 1943년 8월 10일에 의식을 잃자 일본 경찰은 사모 신인숙을 불러 도립병원에 입원하게 하고 격리보호 하였다. 정신을 차린 박 목사는 사모에게 "나는 지옥에 있다가 지금은 천당에 왔다."라고 말했다. 박 목사는 성결교회 부흥성가 167장, '저 좋은 낙원 이르니 그 쾌락 내 쾌락일세'라는 내용의 찬미를 좋아했고, 마태복음 25장과 요한복음 14

장을 들어 '말세의 일과 현재의 고난과 장차 나타날 영광을 족히 비교할 수 없다'고 설명하곤 했다. 자신을 찾아 온 신자들에게 "주의 고난에 참여하게 된 것을 하나님께 영광 돌린다."라고 말했다. 결국 광복을 2년 앞둔 1943년 8월 15일, "나는 지금 천국에 간다."는 말을 남기고 순교하여 한국교회에서 신사참배 문제로 순교한 최초의 목회자가 되었다.

– 기독교대한성결교회 100주년 기념사업위원회, 『성결교회신학』
(서울: 기독교대한성결교회출판부, 2007), 826쪽에서

1. 박봉진 목사님에 대한 글을 읽고 당신은 어떤 생각을 하였습니까?

2. 예수님의 재림의 때를 기다리며 무엇을 준비하며 살아야 한다고 생각하십니까?

평신도 양육교재
기억하기
깨어 있으라

배울말씀인 마태복음 25장 1-13절을 읽고 주어진 질문에 답해 봅시다.

1. 본문에서 '그때'는 어떤 때를 말할까요? (마 25:1)

2. 본문에서 슬기로운 처녀들과 미련한 처녀들이 대조되는데 이들의 공통점과 차이점들을 주어진 표에 적어봅시다. (마 25:2-4)

	슬기로운 처녀들	미련한 처녀들
공통점	1. 2. 3.	
차이점		

3. 신랑이 더디 오므로 열 처녀들은 졸다가 자고 마는데, 이것은 무엇을 의미 한 다고 생각하십니까? (마 25:5)

4. 미련한 처녀들이 충분하게 준비하지 못한 '기름'이 의미하는 것은 무엇일까요?

5. 미련한 처녀들은 신랑이 찾아왔을 때 어떤 상황에 처하게 되나요?
   (마 25:8-13)

다음 글을 읽고 주어진 질문에 답해 봅시다.

우리나라에는 수많은 순교자가 있지만 여성순교자는 손에 꼽을 정도로 적습니다. 문준경(文俊卿 1891~1950) 전도사는 여성순교자입니다. 그녀가 고향인 전남 신안군의 섬들에 설립한 증동리교회, 진리교회, 대초리교회 등 10여개의 교회들은 오늘날 기독교를 대표하는 수많은 목회자들(김준곤, 이만신, 정태기, 이만성, 이봉성 목사님 등 30여명)을 배출한 믿음의 산실입니다.

전남 신안군 암태면 수곡리의 작은 섬에서 출생한 문준경 전도사는 어려서부터 총명하고 부지런해 주위의 칭찬과 기대를 한 몸에 받았습니다. 서당에서 글공부를 하고 싶어 했으나 부친의 반대로 그러지 못했고 17세의 나이에 신랑의 얼굴도 제대로 보지 못한 채 결혼을 했지만 서로 마음이 맞지 않아 두 사람 모두에게 고통일 뿐이었습니다. 외지를 도는 남편은 아내를 돌보지 않은 채 소실을 두고 자녀까지 낳고 살았습니다. 그녀는 자신을 '남편 있는 생과부'라고 신세한탄하며 지냈습니다. 지극한 효성으로 섬기던 시아버지가 돌아가시고 시어머니는 큰 시숙과 생활하게 되었습니다. 그녀는 갈 곳이 없어 목포로 건너가 단칸방에서 삯바느질을 하며 외롭고 고달픈 나날을 보냈습니다.

어느 날 그녀는 예수를 믿으면 삶에 기쁨과 감사가 넘친다는 이야기를 듣고 성결교 부흥사인 이성봉 목사(당시 전도사)가 초가집 한 간을 얻어 막 개척을 시작한 북교동성결교회를 찾았습니다. 이성봉 목사의 설교는 실의에 빠져 있던 그녀의 마음에 새로운 삶에 대한 기대와 기쁨을 채워 주었습니다. 학습과 세례를 받은 후 그녀는 개인전도와 축호전도에 열성을 보이는 성도가 되었습니다.

집사직분을 받고는 하나님께 죽을 때까지 복음을 전하겠다고 다짐했습니다. 그리고 서울에 있는 경성성서학원(서울신대 전신)에서 공부했습니다. 그녀의 전도열정은 남달라 방학마다 고향으로 내려가 1933년에 진리교회, 1935년에 증동리교회, 1936년에 대초리교회를 건립했고 방축리에는 기도소를 지었습니다. 아무것도 가진 것이 없는 상태에서 오직 믿음만으로 교회를 세운 그녀에게 수많은 어려움과 고초가 쉬지 않고 따랐지만, 기도는 언제나 그녀에게 승리를 안겨 주었습니다.

졸업 후 그녀는 증도로 돌아와 나룻배를 타고 이 섬 저 섬 무교회 지역을 돌며 교회를 개척하고 복음을 전했습니다. 그녀는 주민들이 부탁하면 짐꾼노릇, 우체부노릇을 마다하지 않았고 섬 주위 돌짝밭 길을 다녀 1년이면 아홉 켤레나 고무신을 바꿔 신어야 했다고 합니다. 그녀는 열정적인 기도로 정신병자, 중풍병자를 고쳐내 '섬 여의사'란 말을 들을 정도였습니다.

1943년 일제의 탄압으로 성결교회가 강제 해산되었고 그 여파가 문전도사가 개척한 증도교회에까지 미쳤습니다. 신사참배를 거부했다며 목포경찰서로 불려가 고문을 당했지만 그 때마다 찬송가 '환란과 핍박 중에도 성도는 신앙 지켰네'를 부르며 '죽으면 죽으리라'는 말을 수없이 되풀이 했습니다. 그녀는 아무리 회유와 협박이 이어져도 굴욕적인 신사참배를 하지 않았습니다. 해방이 된 후에는 공산당을 따르는 좌익계의 활동이 이 작은 섬까지 뻗쳤습니다. 특히 6·25 후 지역 전체가 인민군의 손길에 넘어가자 교회를 못마땅하게 여겼던 자들이 문 전도사와 성도들을 몹시 핍박했습니다. 1950년 10월 4일, 국군이 증동리섬까지 들어올 것이란 소식이 전해지자 악의에 찬 공산당원들은 교인과 양민들을 바닷가 모래사장으로 끌어내고는 한 사람씩 단도로 내려쳐 죽였습니다. 그들은 "새끼를 많이 깐 씨암탉이구만." 하며 그녀를 몽둥이로 내려쳤습니다. 그녀는 "아버지여, 내 영혼을 받으소서."라는 마지막 말을 남겼고 이어진 총탄에 맞아 순교했습니다. 그녀의 나이 59세였습니다.

1. 나는 재림을 기다리는 신앙생활을 하고 있습니까? 문준경 전도사님의 생애를 통해서 본 재림을 대망하는 신앙이란 어떤 것인지 이야기 나누어 봅시다.

한국성결교회는 재림사상 때문에 일본정부의 박해를 받은 대표적 교단이다. 일본은 개신교의 재림사상이 일본의 국체명징과 대립된다는 것을 알았다. 당시의 목회자들은 예수의 재림이 임박했으며 최후의 승리는 그리스도에게 있고 신자는 마지막 순간까지 가시밭의 백합화처럼 순결하게 살아야 한다고 외쳤다. 금화교회 신자인 한정우와 박윤상은 "독일이 아무리 강하고 일본이 아무리 강하다고 할지라도 전쟁의 마지막 승리자는 이 같은 강함에 있는 것이 아니라 결국 그리스도에게 있다."라고 외치며 일본의 천황이라 할지라도 하나님의 아들 예수 그리스도를 숭경 존모하지 않으면 심판을 받는다고 하여 일본경찰에 붙잡혀 취조를 당하기도 했다. 이 외에도 많은 목회자와 평신도들이 일제의 멸망과 그리스도의 재림을 외쳤다.

– 『한국성결교회 100년사』, 396-398쪽에서 –

2. 하나님의 심판대 앞에서 서야 할 기독교인은 어떤 태도로 어떻게 살아야 할까요? 아래의 성경구절과 삶의 태도를 줄로 이어 봅시다.

로마서 13장 12절		어려움을 주의 고난으로 알고 기뻐해야 한다.
사도행전 2장 44~46절		육체의 욕심을 버려야 한다.
고린도전서 15장 31절		가진 자들과 못 가진 자들이 서로 나누며 살아야 한다.
로마서 8장 18절		날마다 죽는 자기 부정의 삶을 살아야 한다.

평신도 양육교재

응답하기

죽음 앞에서

1. 다음의 글에서 이야기하고 있는 별세란 무엇인가요? 자신의 생각을 이야기해 봅시다.

> 별세(別世)는 이 세상을 떠나는 죽음을 뜻한다. 그러므로 별세는 사람이 죽은 후에 가는 다른 세상을 말한다. 별세는 모든 종교가 추구하는 세계라 할 수 있다. 모든 종교가 별세를 추구하고 있으면서도 사실은 별세를 싫어한다. 그것은 인간의 모든 고통과 불행, 허무의 극복을 별세 후로 약속하고 있기 때문이다. 일반적으로 기독교인은 죽은 후에 천국으로 갈 것을 확신하고 사모한다. 그리고 '그곳에는 눈물이 없고, 슬픔이 없으며, 즐거움만 있

다.'고 찬송을 부르면서 위로를 얻는다. 그러나 기독교는 죽은 후의 별세를 추구하는 것보다 현세에서부터 별세를 사는 것을 강조하고 있다. 그러므로 현세에서 별세를 체험하는 것은 중요한 일이다. 예수 그리스도가 우리에게 약속하신 천국은 죽은 후에 가는 영혼의 천국만이 아니요, 지금 현세에서부터 그리스도 안에서 누리는 새로운 세계인 것이다. 그러므로 죽은 후의 천국은 약속이요 현세에서 천국을 누리며 사는 것이 하나님의 뜻이다. 이 뜻을 이루는 것이 별세를 사는 것이다.

이중표 목사의 별세목회 홈페이지에서

2. 재림을 기다리는 기독교인은 실제생활에서 어떻게 살아야 할까요? 데살로니가전서 5장 23절을 적고 그 의미를 나누어 봅시다.

〈살전 5:23〉

3. 3분 정도 눈을 감고 나의 마지막 순간을 상상해 봅시다. 나의 가족에게 남기고 싶은, 그리고 남겨야 할 이야기들을 유언장처럼 적어 보고 이야기 나누어 봅시다.

<table>
<tr><td colspan="1" style="text-align:center">

유 언 장

남편(아내)에게

부모님에게

자녀들에게

교우들에게

친구들에게

</td></tr>
</table>

이러므로 너희도 준비하고 있으라 생각하지 않은 때에 인자가 오리라
(마 24:44-45)

결단의 기도

다시 오실 것을 약속하신 신랑 되신 예수님! 기름을 준비한 다섯 처녀들처
럼 주와 함께 하늘의 혼인잔치에 초대되어 영원한 기쁨을 맛보도록 재림을
대망하게 하시니 감사드립니다. 이 땅에서의 인내와 수고를 모두 끝내고 기
쁨으로 주를 맞이할 재림의 약속을 붙잡고 살게 하시니 감사드립니다. 항상
깨어 있으라고 말씀하시며 형식적인 신앙을 버리고 성령의 충만을 통해 온
전한 신앙을 갖게 하시니 감사드립니다. 오늘도 천국의 소망을 가지고 하루
하루 거룩하게 살며 선한 일에 열심을 다하여 살도록 힘을 주시옵소서. 예
수님의 이름으로 기도합니다. 아멘.

MEMO

MEMO

MEMO

MEMO